Made in the USA
Las Vegas, NV
17 November 2020

11008957R00072